LUCRÈCE

OU

LA FEMME SAUVAGE,

PARODIE EN UN ACTE ET EN VERS, DE **LA LUCRÈCE** DE M. PONSARD,

ORNÉE DE CHANT ET DE DANSE,

PAR

MM. GABRIEL RICHARD et CHARLES MONSELET.

Prix : 50 centimes.

IMPRIM.

LUCRÈCE

OU

LA FEMME SAUVAGE,

PARODIE EN UN ACTE.

DISTRIBUTION.

PERSONNAGES :		ACTEURS :

SEXTUS, directeur...................... ⎫
COLLATIN, mari............. .... ⎬ Saltimbanques associés. ⎫ **MM.** LACOURRIÈRE *(jeune premier comique)*.
BRUTUS, homme d'esprit............. ⎭ ⎬ VIETTE *(comique grime)*.
⎭ JOSSE *(premier comique)*.
LUCRÈCE, femme sauvage.. Mmes KIME *(Déjazet)*.
TULLIE, femme non sauvage.. LOVENDAL *(soubrette)*.
FOEDORA, camériste, tireuse de cartes, etc.......................... SOLIÉ.

La scène se passe à Paris, dans l'intérieur d'une barraque.

Au fond du théâtre, une porte fermant par un rideau ; à droite du spectateur, les coulisses d'une salle de spectacle ; à gauche, la chambre de Lucrèce. — Instruments de musique épars, oripeaux de saltimbanques.

N. B. Les costumes doivent être ainsi observés : — SEXTUS, *Bilboquet* des *Saltimbanques* ; — COLLATIN, *Cassandre;* — Brutus, *Pierrot, Debureau* ; — LUCRÈCE, camisole et jupon ; — TULLIE, débardeur ; — FOEDORA, odalisque.

Nous saisissons avec empressement l'occasion qui se présente d'adresser des remerciements sincères aux artistes qui ont bien voulu se charger des rôles de cet ouvrage.

Le talent avec lequel ils s'en sont acquittés, a droit à tous les éloges, et le public le leur avait appris avant nous.

(Note des auteurs.)

IMP. DE Mme Ve N. DUVIELLA.

LUCRÈCE

OU

LA FEMME SAUVAGE,

PARODIE EN UN ACTE ET EN VERS, DE LA **LUCRÈCE** DE M. PONSARD,

Ornée de Chant et de Danse,

PAR

MM. Gabriel Richard et Charles Monselet.

REPRÉSENTÉE POUR LA PREMIÈRE FOIS SUR LE THÉATRE-DES-VARIÉTÉS A BORDEAUX, LE 7 OCTOBRE 1843.

SCÈNE PREMIÈRE.

Au lever du rideau, Lucrèce, près d'une table, raccommode une culotte posée sur ses genoux ; Fœdora découpe une collerette de papier; Tullie, à cheval sur une grosse caisse, fait des bulles de savon.

FOEDORA , LUCRÈCE , TULLIE. *

CHOEUR.

Air du Carnaval de Venise.

FŒDORA.

Allons, Madame, sans tarder,
Reprenons l'ouvrage;
Vous savez qu'il faut dépêcher
Pour le terminer.

LUCRÈCE.

Allons, Fœdora, sans tarder,
Reprenons l'ouvrage;
Tu sais qu'il nous faut dépêcher
Pour le terminer.

TULLIE.

Qui donc peut ainsi vous presser
Et vous fait fuir le badinage ?
Il est si doux de s'amuser,
Ne vous laissez-vous point tenter?
(Reprise du chœur.)

LUCRÈCE.

Lève-toi, Fœdora, va chercher dans l'armoire
Le fil , de mon travail nécessaire accessoire,
Et regarde en passant si tu vois au lointain
S'avancer vers ces lieux mon époux Collatin.
(Fœdora obéit.)

* Les acteurs sont placés à la droite du spectateur.
Les changements de situation sont indiqués.

TULLIE.

Quand auras-tu fini de travailler, Lucrèce ?
Quelle mouche te pique et quel démon te presse ?
Fi ! le vilain plaisir ! passer des jours heureux
A se gâter les doigts , à se creuser les yeux !
Tu traiteras , vois-tu , mes conseils de sornettes,
Ma chère, avant le tems , tu porteras lunettes...
(Se levant.)
Si tu voulais pourtant prendre quelque repos ,
Nous charmerions le jour par de joyeux propos ;
Mais non ; de ton devoir jamais tu ne t'écartes...
J'ai, dans mon sac de nuit, Lucrèce, un jeu de cartes!

FŒDORA.

Et moi, dans mon cabas, j'avais porté tantôt
Pour nous distraire un peu ma boîte de loto...
Mais c'est en vain, hélas ! et jamais araignées
Ne furent comme nous au travail acharnées ;
Madame à mes discours demeure comme un roc.
J'avais loué pour vous les œuvres de Vidocq !...

TULLIE.

Ecoute-moi : j'ai là mon volant, mes raquettes.

FŒDORA.

Moi , ma corde à sauter.

TULLIE.

   Et moi, mes castagnettes!
Laisse pour un moment ton aiguille et ton dé ;
Ton époux Collatin s'est sans doute... attardé.

LUCRÈCE.

Non ; seule sur son cœur je règne en souveraine;
Collatin ne va pas courir la pretentaine;

Vous le calomniez, c'est moi qui vous le dis,
Moi qui l'ai surnommé la perle des maris.
Saltimbanque assidu, maintenant sur la place
Il est peut-être encore à faire le paillasse ;
Aussi, dans mon amour, je dois pendant ce tems,
Réparer les affronts faits à ses vêtemens.
Et d'un si doux travail faisant ma joie unique,
Ce soir, je veux pour lui finir cette... tunique.

FOEDORA.

Mais cependant, voyez...

LUCRÈCE.

           Non, je ne veux rien voir.
Le divertissement éloigne du devoir.
Le parfait manuel des femmes de ménage
Est d'être le matin la première à l'ouvrage,
La plus industrieuse à coudre les boutons,
A garnir un gilet de gracieux festons,
A broder quelquefois d'élastiques bretelles,
A ne point écouter les contes des ruelles,
A marquer prudemment le linge conjugal,
Mais à se montrer sourde au moindre madrigal.
Elle peut néanmoins dans ses bons jours de fête,
Lire, au lieu des romans qui font perdre la tête,
Le parfait Cuisinier ou l'Imitation,
Et concourir ainsi pour le prix Monthyon !

TULLIE.

Je ne saurais goûter ces façons de bégueule,
Suis-je donc ici-bas pour vivre toute seule ?
Ce n'est pas mon humeur, et pour te parler net,
Trop long-tems le castor gouverna le bonnet !
Oui, je ne reconnais pour loi que mon caprice,
J'aime le flan, l'amour, le punch, le pain d'épice;
J'estime la musique et j'adore le bal ;
J'ai conquis le surnom de dragon du Wauxhall !
Aux yeux de tout Paris, c'est là, que le dimanche,
Le tartan écossais arrondi sur la hanche,
J'ai, bravant des sergens le coup-d'œil scrutateur,
Enrichi le cancan d'un pas innovateur !

          (Lucrèce se lève.)
Loin de me confiner au fond d'une bicoque,
Je cherche le grand air, et marche avec l'époque :
Prompte à suivre les pas des lionnes pur sang,
Je fume le cigarre et je lis George Sand ;
Au grand nom d'Enfantin mon cœur palpite et vibre :
Je porte pantalon, et je suis femme libre !
Et voillà !...

LUCRÈCE.

       Quel discours ! qu'entends-je, juste ciel !
Ton honneur ?

TULLIE, *tranquillement.*
Je m'en fiche.

LUCRÈCE.

          Et ton mari ?

TULLIE.

            Lequel ?

LUCRÈCE.

Ah ! je ne puis souffrir cette impudence extrême!

TULLIE.

Me voudrais-tu parler de Brutus au teint blême,
Qui se croit mon époux parce que dans le tems
Avec lui j'échangeai quelques menus sermens ?
J'ai su d'un coup de main le mettre à la réforme :
Voilà comme on les mène et comment on les forme !
Puis, nous avons Sextus, notre beau directeur,
Qui s'avoua jadis pour mon adorateur...
             (Avec intention.)
Mais, depuis quelque tems on prétend qu'il vous
                    [aime ?

LUCRÈCE.
Qui? moi, Tullie ! ô ciel ! non...

TULLIE.

           O surprise extrême !
Doutez-vous du pouvoir de vos faibles appas?
A de tels aveux, moi, je ne m'étonne pas.

LUCRÈCE.
Que dites-vous?

TULLIE.

        Je dis, ô ma chaste Lucrèce !
Que souvent un air doux cache une âme traitresse;
Que vous m'avez tout l'air d'avoir imprudemment
Etendu vos filets autour de mon amant.
Mais nous verrons. Ce soir, ici, je me propose
De savoir de Sextus le fin mot de la chose ;
Nous causerons après. Jusque là, trouvez bon
Que j'aille retrouver mes bulles de savon.

LUCRÈCE.
Poursuivons notre tâche. Allons.

SCÈNE II.

LES MÊMES, COLLATIN, SEXTUS, BRUTUS.

Ils s'arrêtent tous les trois, dans le fond, en se tenant par l'épaule. Puis ils s'avancent, toujours silencieux, en faisant trois pas en mesure. — Collatin a un abat-jour jaune sur les yeux.

SEXTUS, *s'écriant.*

           Bravo, Lucrèce!
Bravo, bravissimo! *à part.* Dieu! la belle maîtresse!
Le beau nez ! les beaux yeux !

COLLATIN, *à Lucrèce.* *

          Reine de mes amours,
Tu ne m'attendais pas?

LUCRÈCE.

          Je t'espère toujours.

SEXTUS, *à Brutus.*
A ta femme, Brutus, que veux-tu que l'on dise ?

BRUTUS.
Rien, car vous ne sauriez dire qu'une sottise.

* Fœdora, Lucrèce, Collatin, Sextus, Brutus, Tullie.

Réponds-moi, femme Brute, et dont je suis marri,
Quand auras-tu fini d'outrager ton mari?
Crois-tu que je ne sois...

TULLIE.
Vous me rompez la tête!

BRUTUS.
Qu'un simple cornichon?

TULLIE, *lui donnant un soufflet.*
Tiens, voilà, grosse bête!

BRUTUS.
M'avoir interrompu!

TULLIE.
Tant mieux.

LUCRÈCE, *à Collatin.*
Mon bien aimé,
Pourquoi donc sur tes yeux ce taffetas gommé?

COLLATIN.
Interroge Sextus.

LUCRÈCE.
Quoi?

COLLATIN.
C'est sa main amie
Qui, pour mes faibles yeux craignant une ophtal-
Vient de me faire ici cadeau d'un abat-jour. [mie,
Vois, ce bandeau me donne un faux-air de l'amour!
De cette attention mon amitié s'honore.

BRUTUS.
Oh! quel époux aveugle!

COLLATIN, *entendant.*
Aveugle.... pas encore.
Mais je préviens le mal par mes soins arrêté;
Ce n'est pas tout; je crains de plus la surdité:
Aussi, pour m'épargner des douleurs sans pareil-
Sextus m'a de coton bourré les deux oreilles. [les,

BRUTUS.
Mais tu n'entends donc pas?....

COLLATIN.
Mais si, j'entends très-bien.

LUCRÈCE.
Il ne voit rien, mon Dieu!

COLLATIN.
Qui? moi, je ne vois rien?....
Quoique ce taffetas me semble long d'une aune,
J'y vois fort bien, vraiment, mais j'y vois un
[peu jaune.
(A Brutus.)
Et ce dont entre nous j'ai lieu d'être étonné,
Je n'y vois pas plus loin que le bout de mon nez.

BRUTUS.
Vraiment?

COLLATIN, *montrant Lucrèce.*
Mais voyez donc comme elle est sage et belle!

TULLIE.
Oui! des femmes de chambre elle est le vrai mo-
[dèle.

BRUTUS.
Je suis moins fou que toi; l'on a tort, Collatin,
D'allécher les voleurs par l'appât du butin.

LUCRÈCE.
Je fais ce que je dois, je le sais, je m'en flatte.

COLLATIN.
Flatte t'en, mon amour, reflatte t'en, ma chatte!
Moi, pour éterniser ta gloire à tous les yeux,
Je veux marquer de blanc ce jour trois fois heu-
[reux.
(Il va vers le fond faire une croix sur les
*planches.)**
Vous le savez, amis, je n'ai point su m'en taire,
Notre hymen s'est conclu sans l'aide du notaire;
Le saltimbanque pur serait déshonoré
S'il se voyait couché sur le papier timbré.
Eh! qu'importe après tout! qu'importe à ma ten-
Elle a ma confiance, et si jamais Lucrèce [dresse?
De baisers amoureux sentit son col atteint,
Ce n'a jamais été que par son Collatin!
Va, je connais pour moi ton sentiment.

SEXTUS, *à part.*
Prends garde!

COLLATIN.
Sans rien craindre, au besoin, j'irais monter la
[garde!
Et toi, que penses-tu, Brutus, de mon objet?
Parle.

BRUTUS.
Soit, je m'en vais vous dire à ce sujet
Une fable.... écoutez, Lucrèce; et vous, Tullie,
Approchez.

TULLIE.
Qu'est-ce donc?

BRUTUS, *gravement.*
C'est une allégorie.
(D'une voix criarde.)

LA CIGALE ET LA FOURMI.
La cigale ayant chanté,
Tout l'été,
Se trouva fort dépourvue....

TULLIE, *l'interrompant.*
Connu!

LUCRÈCE.
Connu!

BRUTUS, *à Sextus.*
Comment... et vous?

SEXTUS.
Connu!

* Fœdora, Lucrèce, Sextus, Collatin, Brutus, Tullie.

COLLATIN.

         Connu !

BRUTUS.

Eh ! ne puis je narrer sans être interrompu ?

SEXTUS.

C'est assez.

BRUTUS.

     Cependant....

SEXTUS.

         C'est assez de fadaises.

BRUTUS.

Qnoi ! vous ne voulez pas ?

SEXTUS.

         Je veux que tu te taises.

BRUTUS, *bas, à Lucrèce.*

Vers vous, dans un instant, Lucrèce, je reviens.

LUCRÈCE, *de même.*

Je ne vous comprends pas, Sextus.

SEXTUS, *de même.*

         Ça n'y fait rien.
         (Haut.)
Ne perdons pas de tems en de vaines paroles,
Il nous faut pour ce soir étudier nos rôles.
Venez, amis, venez... toi, Brute, tu m'entends ?
Eh bien ! drôle....

BRUTUS.

     Daignez m'ouïr quelques instants.

SEXTUS.

A quoi bon ?

BRUTUS.

     Écoutez ce léger apologue :
Il était une fois....

COLLATIN.

     Ah ! voici le prologue.

BRUTUS.

Il était une fois...

COLLATIN.

     Je ne dis plus un mot ;
Parle.

BRUTUS.

     Un aigle, une taupe, un coq, un escargot !...
Or, il advint, qu'un jour, le coq monta sur l'aigle,
La taupe sur le coq, et suivant cette règle,
La taupe, sur son dos, prit le colimaçon
Qui portait sur le sien sa mouvante maison ;
Donc....
(TULLIE, SEXTUS *et* COLLATIN, *impatientés, sortent
par la droite*, FOEDORA *sort par la gauche*).

SCÈNE III.

LUCRÈCE, BRUTUS.

LUCRÈCE.

Arrêtez, Brutus.

BRUTUS.

     Non, appelez-moi brute.

LUCRÈCE.

Soit ; sur le choix des mots ne cherchons pas dis-
                 [pute.
Voyons, approchez-vous, et causons sensément ;
Laissez-là votre fable, au moins pour un mo-
Écoutez-moi, Brutus, de grâce....   [ment.

BRUTUS.

     Pourquoi faire ?

LUCRÈCE.

Je n'ai pas oublié votre amitié de père :
Jadis, quand je vous vis pour la première fois,
La troupe où nous vivons s'agitait sous vos lois,
C'est vous dont le grand cœur en me venant en
                 [aide
Guida mes premiers pas.... sur une corde raide ;
C'est vous qui rameniez mon époux dans mes
                 [bras,
Quand vous le trouviez ivre au sortir d'un repas...
C'est pourquoi laissez-moi parler.

BRUTUS.

     Je vous écoute.

LUCRÈCE.

Vous n'êtes point un sot.

BRUTUS, *étonné.*

     Vous croyez ?

LUCRÈCE.

         Je m'en doute.
Parfois, quand vous pensez que Sextus n'y voit
                 [point,
Vous lui tirez la langue et lui montrez le poing.
Certes, ce ne sont pas des choses puériles :
Un imbécile et vous font deux.

BRUTUS.

     Deux imbéciles.

LUCRÈCE.

Vous voulez m'abuser, mais votre œil vous
                 [trahit ;
Oui, vous êtes un fou d'infiniment d'esprit
Qui prendra sa revanche.

BRUTUS.

     Eh ! non, non.

LUCRÈCE.

         Votre tête
Cache un projet profond.

BRUTUS.

     Je ne suis qu'une bête !

LUCRÈCE.

Vous avez du bon sens.

BRUTUS.

     Eh ! non, je n'en ai point.

LUCRÈCE.

Si.

BRUTUS.

     Non.

LUCRÈCE.

Si.

BRUTUS.

Peut-on être enragée à ce point !
Finissez ce discours, car tout cela m'assomme.

LUCRÈCE.

Vous vous rapetissez, vous êtes un grand homme.

BRUTUS.

Je ne suis rien que brute et brute je serai ,
Et brute je naquis, et brute je mourrai.

LUCRÈCE.

Non, je ne vous crois pas encore aussi stupide ,
Vous n'en avez que l'air ; mais la raison vous
                                    [guide :
Soyez en paix, de vous je fais un plus grand cas :
Vous jouez les niais, mais vous ne l'êtes pas !

BRUTUS , *avec explosion.*

Eh bien ! votre regard a percé ce mystère !...
Oui, je veux ressaisir ma puissance première !...
Tremble, Sextus ! et crains mes transports in-
                                    [sensés !

LUCRÈCE.

Mais qui vous soutiendra ?

BRUTUS.

                Moi , dis-je , et c'est assez !
Sextus en ce moment poursuit la trame obscure
Des ténébreux détours d'une noire aventure :
Je suis sur ses talons : quand il se tournera,
Le combat décisif alors s'engagera,
Et je garde l'espoir que ces poignets solides
L'enverront habiter l'hôtel des Invalides !

LUCRÈCE , *tranquillement , et croisant les bras.*

O sombre profondeur de ce ressentiment !
Je n'y plonge pas l'œil sans un tressaillement.

BRUTUS , *s'élançant vers elle.*

Lucrèce ! calmez-vous, patientez encore.
De ce jour attendu bientôt luira l'aurore ,
Tandis qu'autour de moi, fuyant les factions ,
Le carrick finira ses révolutions !

LUCRÈCE.

Taisez-vous , Sextus vient. Prenez l'air imbécile.

BRUTUS.

N'ayez aucune peur, cela m'est très-facile.

SCÈNE IV.

LES MÊMES, SEXTUS : *puis* TULLIE.

SEXTUS , *dans le fond , s'excitant. (A part).*

O toi ! dieu de Paphos, de Gnide , et d'autres
                                    [lieux ,

Viens parler par ma voix et briller dans mes
                                    [yeux !

TULLIE ,*arrivant précipitamment par la droite et
        s'arrêtant. (A part).*

Enfin , je te ferai chanter une autre gamme !
                        (*A Lucrèce).*

Lucrèce , allez-vous en , votre époux vous ré-
                                    [clame.

LUCRÈCE.

J'y vais. Adieu, Sextus. *(Elle sort par la gauche).*

SEXTUS , *à part.*

                Contre-temps malheureux !

TULLIE , *triomphante.*

Elle est sortie !

SEXTUS.

        Eh bien ! qu'est-ce à dire ?

TULLIE.

                    A nous deux !...
Que fais-tu donc là, Brute ?

BRUTUS.

                Est-ce que je vous gêne ?
Bah ! vous seriez bien bons de prendre tant de
On peut vous déranger , et je veille...   [peine.

TULLIE.

                        C'est bien.
Quant à nous deux, Sextus, poursuivons l'en-
                                    [tretien !

SEXTUS.

Qu'avez-vous mon amie, et qui donc vous chif-
                                    [fonne ?

TULLIE.

Suffit ; ça ne prend plus ; c'est même monotone.
Je te l'ai dit , et veux savoir sans différer
De Lucrèce ou de moi qui tu dois encadrer ?

SEXTUS.

Qui je dois encadrer de vous ou de Lucrèce ?
Quoi ! ne puis-je garder l'une et l'autre maîtresse?

TULLIE.

Et tu m'en fais à moi la proposition ?

SEXTUS.

Mais je crois obtenir votre approbation.

TULLIE.

Franchement, j'aurais tort de n'être pas contente!
Tu me prends donc, Sextus, pour une débu-
                                    [tante ?
Réponds de suite, ou crains un courroux im-
                                    [promptu...
Lucrèce que je hais , Lucrèce , l'aimes-tu ?
Lucrèce, de tout tems mon ennemie intime !

SEXTUS , *hésitant.*

Lucrèce..... si je l'aime ?

TULLIE, *vivement.*

                    Oui....

SEXTUS, *effrayé.*

   Non pas... je l'estime.

TULLIE.

Tu dis ?....

SEXTUS.

 Je l'idolâtre !

TULLIE.

 Et tu....

SEXTUS.

    Je la chéris !
Tullie, apaisez-vous, — au nom de vos maris !
Tenez, pour un moment, parlons sans périphrase :
Je suis un homme franc et carré par la base ;
Et vous, depuis long-temps vivant sous mon
       [pouvoir,
Madame, tout au moins vous devriez savoir
Que tout fuit ici-bas, et que le saltimbanque
N'adore constamment que les billets de banque.
Mon âme gardera toujours le souvenir
Des faveurs que de vous elle put obtenir :
Je l'avoue, autrefois je vous ai... cultivée,
Mais je ne puis souffrir une chaîne rivée ;
Je suis libre, Tullie, et je prétends toujours
Sacrifier au dieu des faciles amours !

TULLIE, *tendrement.*

As tu donc oublié ces premiers jours de fête
Qui suivirent jadis mon heureuse défaite,
Quand, revêtant tous deux le large pantalon,
Bien souvent, au milieu du bal, le violon
Après nous avoir fait danser la nuit entière,
Nous prêtait jusqu'au jour un abri tutélaire ?
Au prix d'un vain bonheur je livrais ma vertu...
T'en souviens-tu, Sextus, dis-moi, t'en sou-
       [viens-tu ?

SEXTUS.

Eh bien ! donc, il est temps que je vous désabuse :
C'est vrai, j'aime Lucrèce et n'en fais pas d'ex-
Son modeste maintien et ses simples vertus [cuse.
Ont rallumé chez moi des désirs abattus.

TULLIE.

En effet ; parmi nous on connaît sa conduite :
Raccommoder les bas est son moindre mérite ;
Et le prix qu'en ces lieux elle a su remporter,
Seule, une ravaudeuse eut pu le disputer !

SEXTUS.

Oui, sans doute, la gloire est bien plus éclatante
D'avoir au grand complet ses meubles chez ma
       [tante,
De vivre au jour le jour, et, dans toute saison
De tromper son époux sans rime ni raison ;
De courir le dimanche aux bals de la guinguette,
Sautant au son du fifre et de la clarinette,
Et, le verre à la main, célébrant tour-à-tour
Le petit vin clairet, le galop et l'amour !

TULLIE.

Ce que vous avez dit est toute notre histoire.
Il faut que vous ayez, mon cher, l'âme bien noire
Pour m'abaisser ainsi.... Saltimbanque félon,
A la place du cœur vous n'avez qu'un melon !...
Tais-toi, vil chenapan ! puisque tu romps la paille,

Je me séparerai de toi, vaille que vaille !
Va, va, ne me crois pas assez folle de toi
Pour te persuader, qu'ayant perdu ta foi,
Il ne me reste plus après tes traits infâmes
Qu'à m'aller enfouir dans un couvent de femmes !
Non, je vivrai, vois-tu, car je veux jusqu'au bout
Te poursuivre toujours, te poursuivre partout !
Crains mes ongles, Sextus, n'échauffe pas ma bile,
Acrobate blafard, Debureau malhabile !
Car, le jour où sur toi planeront des malheurs,
Ce jour là, je promets du rouge à tes pâleurs !

     (Elle sort).

BRUTUS, *à part.*

Oui, le moment est près de punir cet infâme.

Il court vers Sextus, puis s'arrête tout-à-coup.
   (A Sextus.).

N'avez-vous rien de plus à dire à... notre femme ?

SEXTUS.

Non, va-t-en.

SCÈNE V.

SEXTUS, *seul, au public.*

    Je ressens le besoin en ce jour
De vous faire un léger monologue à mon tour.
J'ai besoin de laisser déborder ma colère,
Et deux ou trois cents vers feront bien mon af-
       [faire....
     (Il se pose).

Jupiter ! dieu puissant !...
     (Il tire sa montre).
    Six heures moins un quart...
Cela nous conduirait, je crois, un peu trop tard.
Rêvons plutôt à toi, dont la pudeur m'irrite,
Pour qui mon cœur bat vite, et s'agite, et palpite !
Lucrèce contre moi déchaîne ses rigueurs :
Amant infortuné, rêvons à mes malheurs....
     (Il s'assied).

SCÈNE VI.

FOEDORA, SEXTUS.

FOEDORA, *tenant d'une main une chandelle dans un verre à Champagne, et de l'autre trois billets.*

Sextus !

SEXTUS.

 Qu'est-ce ?

FOEDORA.

 Sextus !

SEXTUS.

   Ah ! c'est toi, péronnelle !
Eh bien ! que viens-tu faire avec cette chandelle ?

FOEDORA, *d'une voix éclatante.*

Sextus !

SEXTUS, *se levant.*
Ah! ça, crois-tu que je n'entende pas?
Que me veux-tu? pourquoi porter ici tes pas? *

FOEDORA.
Écoutez-moi : jadis d'une intrigue légère
Entre Tullie et vous je fus la messagère.
Maintenant, infidèle à vos serments d'hier,
Vous aimez follement une dame au cœur fier,
Lucrèce, dont je suis amie et confidente.

SEXTUS.
Eh quoi! tu connaîtrais ses secrets?

FOEDORA.
Je m'en vante.

SEXTUS.
Quels sont ils? réponds-moi sur le champ!

FOEDORA.
Entre nous,
Lucrèce n'aimera jamais que son époux.
Vous avez par billets tenté de la séduire.

SEXTUS.
Elle les a reçus.

FOEDORA.
Mais sans vouloir les lire.
Par elle, aux premiers coins ils étaient délaissés,
Mais moi, j'étais derrière, et je les ramassais!...

SEXTUS.
Que m'importe après tout? viendrais-tu me les
[rendre?

FOEDORA.
C'est à-peu-près. Je viens, Sextus, pour vous
Tenez, lisez :   [les vendre.

SEXTUS, *lisant par-dessus son épaule.*
Voyons : « Lucrèce, mon trésor,
» Je t'achète demain un collier similor
» Si tu veux consentir.... »

FOEDORA.
Eh bien?

SEXTUS.
C'est authentique.
Et je reconnais là mon style pathétique.

FOEDORA.
Voulez-vous m'acheter les trois pour quinze sous?

SEXTUS.
T'imagines-tu donc t'adresser à des fous?
Quinze sous! je boirais trois litres pour la
[somme.

FOEDORA, *brûlant un billet.*
Je vous trouve aujourd'hui; Sextus, bien éco-
[nome.
Votre réponse est rare et digne d'Harpagon;

* Sextus, Fœdora.

Mais passons néanmoins et voyez le second.
Quinze sous!

SEXTUS.
Non, vraiment, pour qui me prends-tu, vieille?

FOEDORA.
Crains donc, jeune insensé, qu'un malheur ne
[t'éveille!

SEXTUS.
Adieu.

FOEDORA, *brûlant le deuxième billet.*
De ce papier par ma main paraphé,
Je vais devant tes yeux faire un autodafé.

SEXTUS.
Soit. A ton gré tu peux en faire de la cendre
Mais à tes vains désirs je ne puis condescendr e
(*Fausse sortie*)
Écoute, néanmoins; dans la chambre à côté,
Tu verras un panier par mes soins apporté.
Ton œil est curieux, ne sois pas inquiète
Lorsque de cet objet tu liras l'étiquette.
J'ai voulu le soustraire au moins pour un instant
A nos amis communs.... tu comprends?

FOEDORA.
Mais pourtant,
Je voudrais bien savoir....

SEXTUS.
Non pas, c'est un mystère.

FOEDORA.
Encor....

SEXTUS.
C'est du nanan!... surtout sache te taire.
Un rendez-vous m'oblige à m'éloigner d'ici;
Adieu. *(Il sort).*

FOEDORA.
Va-t-en. C'est bien. Pour nous, brûlons ceci.
Mais non, je me ravise : il me faut ma vengeance.
(*Elle souffle la chandelle, appelant*).
Brutus! oui, nous serons tous deux d'intelli-
[gence.

SCÈNE VII.

BRUTUS, FOEDORA.

BRUTUS.
Que veux-tu, Fœdora?

FOEDORA.
Prends ce papier, conscrit.
Lis. *(A part).* Je verrai s'il est aussi sot qu'on
[le dit.
Son œil brille déjà.... je l'avais su connaître!

BRUTUS, *d'une voix éclatante.*
Fœdora!

FOEDORA.

Qu'est-ce donc?

BRUTUS.

Saluez votre maître !...

Sextus?

FOEDORA.

Il est parti.

BRUTUS.

Je le retrouverai !
Je sors. Vous, pas un mot. *Il sort précipitamment.*

FOEDORA.

Seigneur, je tâcherai.

SCÈNE VIII.

LUCRÈCE, FOEDORA.

LUCRÈCE.

Fœdora ! Fœdora !

FOEDORA.

Que voulez-vous?

LUCRÈCE.

Un siège !
Car la peur me talonne et la crainte m'assiège...
Ce matin, me levant, les yeux à peine ouverts,
J'ai mis sans y penser mes deux bas à l'envers.

FOEDORA.

C'est signe qu'un danger éminent vous menace.

LUCRÈCE.

A table, les couteaux se croisaient à ma place ;
Et devant moi, Sextus faisait d'un air fatal
Tournoyer une chaise.

FOEDORA.

Il causera le mal.

LUCRÈCE, *se levant.*

Écoute encore. — Hier, à l'heure accoutumée,
Comme je reposais dans les bras de... Morphée,
Un songe vient s'offrir à mes regards surpris ;
J'ai rêvé, Fœdora, non de chais, de souris,
Mais de malheurs réels dont la crainte me ronge...
Un songe ! me devrais-je inquiéter d'un songe !
N'importe : jusqu'au bout tu sauras tout, surtout
Prends bien soin, Fœdora, de m'éclairer sur tout.

FOEDORA.

J'essaierai.

LUCRÈCE.

J'ai rêvé que vers notre [...]
Affluait du public la vague opini[on...]
Et, pour donner accès au flot [...]
L'enceinte de la salle allait s[...]
On frappa les trois coups. La [...]

Se rassit gravement, sombre et silencieuse.
Déjà, devant ses yeux, Sextus s'était repu
De sabres, de cailloux autant qu'il avait pu ;
Tullie, en bondissant sur le cable élastique,
S'était vue accueillir d'un hourra frénétique ;
Toi, Brutus, Collatin, par vos divers travaux
A ses avares mains arrachiez des bravos.
Cependant vint mon tour. Sextus, sans autre
[exorde.
Me présenta la main pour monter sur la corde,
Et d'un air doucereux me frotta le talon,
Prenant, au lieu de craie, un morceau de savon.
Aussitôt, à mes yeux tout fuit et cabriole :
Acteurs et spectateurs dansent la farandole ;
Le fifre retentit en riant aux éclats,
Et, dans le bacchanal, je fais le premier pas....
J'avance, je recule, et de nouveau j'hésite :
Un sifflet part au loin, et je me précipite !
Mais à peine au milieu de ce trajet affreux,
Le cable se recourbe en replis tortueux ;
Ce n'est plus sous mes pas une corde tendue,
C'est un serpent hideux levant sa tête ardue :
Il enchaîne déjà mes pieds dans ses anneaux,
Il mire dans mes yeux ses yeux, ardents flam-
[beaux !
Dans ce moment cruel poussant un cri funeste,
Je tombe ! — permets-moi de te taire le reste !
Eh bien ! ces visions qui troublèrent mes sens,
Pourrais-tu, Fœdora, m'en expliquer le sens?

(*Elle tombe dans les bras de Fœdora*).

FOEDORA.

Oui, mais remettez-vous. Si j'en crois ma science,
L'événement prédit est de peu d'importance.

LUCRÈCE, *s'asseyant.*

Non, tous ces coups du sort ont trop su m'ef-
[frayer !

FOEDORA.

Par quelque gai refrain tâchons de l'égayer.
J'en sais un en effet gaillard outre mesure....
Prenons mon violon, et partons en mesure.

LUCRÈCE.

Que prétends tu donc faire avec cet intrument?

FOEDORA.

Dissiper le souci qui vous va dévorant.
(*Elle chante, en s'accompagnant du violon*).

    Guernadier, que tu m'affliges,
    En m'apprenant ton départ......

LUCRÈCE, *l'interrompant.*

Malheureuse ! tais-toi, tes chants sont pleins
[d'alarmes !

FOEDORA.

Hélas ! je méditais des paroles sans larmes :
La faute est à celui qui fit un tel refrain,
Sextus le dit de lui.

LUCRÈCE, *avec humeur.*

Sextus n'est qu'un gamin.

SCÈNE IX.

SEXTUS, LUCRÈCE, FOEDORA.

SEXTUS, *entrant vivement par la porte du fond,*
sur les derniers mots.

Plaît-il?....
        (à part).
    Ce n'était rien.
            (haut).
            Pardon, je vous dérange,
Lucrèce !

LUCRÈCE, *se retournant avec effroi.*
    Ah !

SEXTUS.
    Mais pourquoi cette posture étrange?

LUCRÈCE.
Je repassais un rôle....

SEXTUS.
    Et j'interromps.... tant pis !

LUCRÈCE.
Oh !

SEXTUS.
    Fœdora, va-t-en rejoindre nos amis.
Tullie et Collatin se promènent, ma chère...

FOEDORA.
Où?

SEXTUS.
    Tout le long, le long, le long de la rivière.

FOEDORA.
J'y vais.

LUCRÈCE.
    Attends moi.

SEXTUS.
    Non, vous resterez ici.
Avez-vous peur de moi? que veut-dire ceci ?
(A Fœdora).
Sors.

FOEDORA, *à part.*
Rejoignons Brutus. *(Elle sort par le fond).*

SCÈNE X.

SEXTUS, LUCRÈCE.

SEXTUS, *à part.*
    Pour toucher ma sirène,
Ménageons avec soin tous nos effets de scène.
(Il prend un pot de rouge sur la table à gauche
et se farde).

LUCRÈCE.
Eh ! bien, expliquez-vous, Sextus, qu'est-ce?

SEXTUS.
      Eh ! bien , oui.

LUCRÈCE.
Parlez.

SEXTUS, *à part.*
    De mon bonheur enfin l'aurore a lui.

LUCRÈCE.
Trève de préambule et venons en au texte :
Cet important secret....

SEXTUS.
    N'était rien qu'un prétexte !

LUCRÈCE.
Comment?

SEXTUS.
    Ne craignez pas ma platonique ardeur :
Laissez-vous diriger par votre directeur!
C'est bon jeu , bon argent.

LUCRÈCE.
    Non, c'est agir en fraude,
Sextus !

SEXTUS.
    Remettez-vous d'une alarme si chaude !
Écoutez un instant : je ne vous aime pas,
Non! mais je vous adore et meurs pour vos appas!
Lucrèce ! et si pour moi votre cœur ne décide,
Vous commettrez, hélas ! un saltimbanquicide!

LUCRÈCE.
Mais je vais appeler....

SEXTUS.
    Pas un pas! Pas un pas!

LUCRÈCE.
Et la garde, Sextus...

SEXTUS.
    Meurt et ne se rend pas.

LUCRÈCE.
Collatin....

SEXTUS.
    Que dis-tu? Collatin? que m'importe?
S'il vient nous déranger, je le flanque à la porte!
Mais j'ai su l'écarter. Dans de pareils momens
Il est avec l'époux des accommodements....
Et je ne pense pas qu'il ait le droit, en somme,
De restreindre l'essor du feu qui me consomme!
S'il s'avisait enfin de faire le méchant,
Un peu de mort-aux-rats le rendrait moins tran-
                    [chant.

LUCRÈCE.
Quelle horreur !

SEXTUS, *etonne.*
Quelle horreur ! quoi ! serait-ce, madame,

Qu'un changemeut de noms épouvantât votre
[âme?
Collatin ou Sextus — Ces mots en vérité
Riment — avec un peu de bonne volonté —
Et la rime après tout est chose qu'on estime.

LUCRÈCE.

Est-ce avoir la raison lorsqu'on n'a que la rime?

SEXTUS.

Un mot, un dernier mot : j'ai de l'ambition,
Jadis on m'infiltra quelqu'éducation :
Unissons en ces lieux notre flamme ingénue,
Et bientôt saisissant la puissance absolue,
Nous règnerons tous deux sur ce peuple dompté
A l'ombre du carrick et de l'autorité !
— Compétente !

LUCRÈCE.

Sextus !

SEXTUS.

De cette ville !

LUCRÈCE.

Encore !

SEXTUS, *avec éclat.*

D'un farouche dédain ta pudeur se décore !
(Plus doucement).
Laissez-vous attendrir ou je meurs à vos yeux !

LUCRÈCE, *passant à la droite de Sextus.*

Jamais je ne ferai mon mari..... malheureux !

SEXTUS.

Quoi rien ne peut fléchir ta sauvage colère ?
Je t'offre cent écus de rente viagère !

LUCRÈCE.

Adieu !

SEXTUS.

Des souliers neufs !

LUCRÈCE.

Arrière !

SEXTUS.

Des bijoux !

Un madras !

LUCRÈCE.

Un madras ! Pour qui me prenez-vous ?

SEXTUS.

Un instant ! un instant !

LUCRÈCE.

Arrêtez : la décence
Après ce qui s'est dit s'oppose à ma présence.
(Elle rentre dans sa chambre).

SCÈNE XI.

SEXTUS, *seul.*

C'est bien...., rentre chez toi; suffit! j'ai mon
[projet :

Pour trois livres dix sous j'ai trouvé mon sujet,
Un aveugle en un mot; un OEdipe en personne
Suivi d'un chien barbet qui lui sert d'Antigone,
Et, qu'en me promenant, j'avisai par hasard
Jouant sur le Pont-Neuf un galop de Musard.
(Il indique le fond).
Il est là. Si Lucrèce à mes vœux est rebelle,
J'amène mon aveugle et l'enferme avec elle ;
Puis, pour mettre le comble à cet adroit forfait,
Je rejoins Collatin et les prend sur le fait,
Ajoutant qu'ayant vu ce drôle avec sa femme,
J'ai, lui crevant les yeux, éteint sa folle flamme !
— L'aveugle n'y verra que du feu.
(Il va écarter les rideaux du fond).
Justement,
Je l'aperçois dans l'ombre. Allons ! c'est le mo-
[ment !
Écartons les frayeurs de mon âme indécise :
Les enfers opposés haussent mon entreprise !

*(Il se précipite dans la chambre de Lucrèce ; en
ce moment Brutus apparaît à la porte du
fond).*

*(L'orchestre joue l'air connu sous le nom de : C — u,
c — u, mon père, etc.)*

SCÈNE XII.

BRUTUS , *puis* COLLATIN.

BRUTUS.

Fœdora m'avait bien averti :
(Appelant au dehors).
Collatin !

Collatin !

COLLATIN, *arrivant.*

Me voici, puis-je savoir enfin
Ce que cela veut dire et pourquoi ce mystère?

BRUTUS, *l'oreille contre la serrure.*

Chut !

COLLATIN.

Quoi chut ?

BRUTUS, *de même.*

Chut ! te dis-je.

COLLATIN.

Eh mais....

BRUTUS.

Il faut te taire.

COLLATIN.

Mais au moins apprends-moi....

BRUTUS.

Tu le veux?

COLLATIN.

Je le veux.

BRUTUS, *lui donnant le billet de Fœdora.*

Lis.

COLLATIN.

Ce billet? voyons... ah! qu'ai-je vu? grand Dieu!
Un poulet amoureux de Sextus à ma femme !
Courons !   *(Il s'élance vers le fond.)*

BRUTUS, *lui montrant la chambre de Lucrèce.*

Non , par ici.

COLLATIN , *stupéfait.*

Par ici ?... *(devinant)* ciel ! l'infâme !
Et depuis un moment tu ne me disais rien?

BRUTUS.

Je voulais vous convaincre.

COLLATIN.

Et c'est là ton moyen !

BRUTUS.

Je pense qu'il est bon.

COLLATIN , *furieux.*

Oh !...

BRUTUS.

Calmez votre rage !

COLLATIN.

Comment, lorsqu'il me font.... le plus sensible
[outrage !

BRUTUS.

Collatin , arrêtez !

COLLATIN , *hors de lui.*

Une épée un couteau !
Garde à vous !   *(Il saisit un trombonne.)*

BRUTUS.

A la fin !

SCÈNE XIII.

LES MÊMES, TULLIE et FOEDORA, puis SEXTUS.

TULLIE , *accourant.*

Quel spectacle nouveau
Nous donnez-vous donc là? qu'arrive-t-il ?

COLLATIN , *formidable.*

Silence !

*(Sextus sort de la chambre de Lucrèce en se frot-
tant les mains.)*
Sextus ! *(Il tombe épuisé sur une chaise ; Tullie
et Fœdora s'empressent autour de lui.)*

BRUTUS.

Retirez-vous , car je veux ma vengeance !

SEXTUS.

Quel vacarme , Messieurs ! que veut dire ceci?
Vous expliquerez-vous?... ah! Brute, te voici.

Approche , viens , bouffon... mais qui te boule-
Apprends-moi....   [verse?

BRUTUS, *la menant sur le devant de la scène.*

Ne prends pas de chemin de traverse !

SEXTUS.

Comment?

BRUTUS.

Nous savons tout.

SEXTUS.

Ciel !

SEXTUS.

Ton règne est passé !

SEXTUS.

Ainsi ce bruit pour moi signifie....

BRUTUS.

Enfoncé !

Tu n'es qu'un vil tyran; je l'ai dit à la troupe,
Je repends le carrick !
                    (Il lui arrache son carrick et s'en revêt.)

SEXTUS.

Qui? toi?

BRUTUS.

Ça te la coupe !

SEXTUS.

N'es-tu plus mon paillasse et moi ton directeur ?

BRUTUS.

C'est moi qui suis le maître et toi l'usurpateur !

SEXTUS.

Et que prétends-tu donc faire de ma personne?

BRUTUS.

D'un emploi parmi nous je te ferai l'aumône ,
Je veux dans ton malheur être encor ton soutien:
En quittant ton habit, tu recevras le mien.

SEXTUS.

Cela ne se peut pas... par le ciel que j'atteste !

BRUTUS.

Assez : je suis blasé sur les fureurs d'Oreste.

SEXTUS, *retroussant ses manches.*

Eh bien ! qu'un pugilat décide du vainqueur !

BRUTUS.

Un duel à coups de poings? ça m'est inférieur.

SEXTUS.

Perdre en un jour son rang, son nom et sa dé-
Vous êtes un fier gueux !   [froque !

BRUTUS.

Je te le réciproque.

(Cette scène doit être jouée très-vivement

3

SCÈNE XIV ET DERNIÈRE.

LES MÊMES, LUCRÈCE.

(Lucrèce tient à la main une grosse bouteille étiquetée.)

COLLATIN.

Lucrèce !

LUCRÈCE.

Collatin !

COLLATIN.

Ma femme !

LUCRÈCE.

Mon époux !

COLLATIN.

C'est assez... ne dis rien... je t'absous ! je t'absous !

LUCRÈCE.

Hélas ! il est trop tard !

COLLATIN.

Que dis-tu, ma chérie,
Ma Lucrèce ?

LUCRÈCE.

Je dis que je me suis *périe !*
Ah ! *(Elle tombe en posant sa bouteille devant elle)*

COLLATIN.

Morte !!...

BRUTUS.

Fermons lui l'oreille avec les doigts,
Et selon la coutume appelons-là trois fois :
O Lucrèce !

COLLATIN.

O Lucrèce !

SEXTUS.

O Lucrèce !

COLLATIN.

Il me coûte
De croire à cette mort !...

LUCRÈCE, *se relevant.*

L'osez-vous mettre en doute ?
Lisez :
(elle leur présente la bouteille.)

COLLATIN.

Poison !

TOUS.

Poison !

TULLIE.

Dieu ! quel funèbre écho !

SEXTUS.

Qu'ai-je entendu ?.. poison ?... qu'est cela ? mon
[coco !

COLLATIN.

Son coco !

BRUTUS.

Ton coco !

TULLIE.

Du coco !

COLLATIN.

Qu'est-ce à dire ?

SEXTUS.

Elle a bu du poison !... mais du poison pour rire ;
Voulant choyer... Tullie... avec cette boisson ,
Pour mieux vous la cacher j'avais écrit : poison !

LUCRÈCE.

C'est à recommencer alors.

COLLATIN , *vivement.*

Je t'en dispense.
L'intention suffit pour laver mon offense.

BRUTUS.

J'ai frappé le grand coup : assez d'émotion.
Je te parle, Sextus, sans nulle passion.
En ce moment, touché de ton sort déplorable,
Je veux pour l'adoucir te conter une fable :

Maître corbeau sur un arbre perché,
Tenait dans son bec un fro...

SEXTUS.

Grâce ! Grâce ! Brutus !

TULLIE.

Laisse ce malheureux :
Son destin par lui-même est assez odieux.

BRUTUS.

J'y consens volontiers. Ah ! ah ! c'est toi, Tullie,
Tu me surprends. Pourquoi ne t'es-tu pas périe ?

TULLIE.

Pas si bête.

BRUTUS.

C'est bien ; mais il me faut d'abord
De deux amans brouillés finir le désaccord.
(A Sextus et à Tullie, leur imposant les mains.)
En faveur de vous deux aujourd'hui je divorce :
Soyez toujours unis comme l'arbre et l'écorce,
Et puissiez-vous bientôt, heureux et triomphans,
Par la grâce du ciel avoir beaucoup d'enfants !
Allez, je vous bénis !

(Sextus et Tullie se font la grimace.)

LUCRÈCE.

L'heureuse délivrance !

BRUTUS, *allant prendre plusieurs instruments qu'il distribue.*

Ça, voyons, mes amis, déjà l'heure s'avance.
Vous, mon brave Sextus, entrez en fonction :
Je change votre sceptre en cornet à piston.
Vous, Fœdora, venez et prenez ce triangle ;
Arrondissez le coude et dissimulez l'angle ;
Joignez-y ce tambour. *(à Collatin.)* Toi, ce cha-
[peau chinois !
Et vous belle Tullie au séduisant minois,
Vous allez répéter avec notre affligée,
La grande Cachucha revue et corrigée !
Allez ! ne craignez pas que l'on en vienne aux
[mains.
Lucrèce, vous avez pour vous tous les Romains !
Voyons ; place au théâtre ; au large ! qu'on s'em-
(Il s'empare de la grosse caisse.) [presse ;
Et moi, le directeur, je prends la grosse...

(Fœdora, lui frappe sur l'épaule.)
[Qu'est-ce ?

FŒDORA.

La salle est pleine; on veut le spectacle ou l'argent.

BRUTUS.

En avant la musique ! en avant !

TOUS.

En avant !

*(Sur la ritournelle, ils défilent avec leurs instru-
ments ; pendant ce temps, Lucrèce qui avait
été sortir son jupon et sa camisole, reparaît
en costume de danseuse espagnole, et danse
avec Tullie :*

LAS BOLERAS DE CADIX. *

----

* S'adresser pour ce pas à la Direction des Théâtres de Bordeaux; au besoin, on pourrait remplaçer *las Boleras de Cadix* par toute autre danse légèrement exa-gérée.

FIN.

www.ingramcontent.com/pod-product-compliance
Lightning Source LLC
LaVergne TN
LVHW021759210726
843510LV00016B/819